ANALIZA KSIĄŻKI

AF131743

Alicja
w krainie czarow
• • • • • • • • • • • • • • • •

LEWIS CARROLL

ANALIZA KSIĄŻKI

Napisany przez Eloïse Murat
Przetłumaczony przez Kâmil Kowalski

Alicja
w krainie czarow

• •

Lewis Carroll

LEWIS CARROLL

ANGIELSKI PISARZ, ESEISTA, FOTOGRAF I MATEMATYK

- **Urodzony w Daresbury (Anglia) w 1832 r.**
- **Zmarł w Guildford w 1898 r.**
- **Godne uwagi prace:**
  - *Alicja w krainie czarow* (1865), powieść
  - *Przez szybę* (1872), kontynuacja *Przygód Alicji w Krainie Czarów*
  - *Polowanie na skowronka* (1876), wiersz
  - *Sylvie i Bruno* (1889), powieść

Charles Lutwidge Dodgson (1832-1898) był angielskim pisarzem najbardziej znanym pod pseudonimem Lewis Carroll. W 1854 roku ukończył matematykę i język angielski w Christ Church College w Oksfordzie, gdzie został profesorem. W następnym roku zaczął pisać opowiadania i wiersze dla przeglądu *The Train*.

Bardzo zainteresowany fotografią, Carroll lubił robić zdjęcia małym dziewczynkom, w tym Alice Liddell, jednej z córek dziekana, dla której napisał *Alice's Adventures in Wonderland* (1865). Pseudonimu używał głównie do swoich dzieł literatury pięknej, czy to wierszem, czy prozą (*The Hunting of the Snark, Sylvie and Bruno, Through the Looking-Glass*). Pod prawdziwym nazwiskiem publikował eseje o logice (*The Game of Logic*, 1887) i matematyce (*Euclid and His Modern Rivals,* 1879).

ALICJA W KRAINIE CZAROW

OPOWIEŚĆ, KTÓRA NIGDY NIE PRZESTAJE ZADZIWIAĆ

- **Gatunek:** baśń

- **Wydanie referencyjne:** Carroll, L. (2008) *Alice's Adventures in Wonderland*. USA: Evertype.

- **Pierwsze wydanie:** 1865

- **Tematy:** metamorfoza, inicjacja, cudowność, marzenia, absurd/nonsens

Alicja w krainie czarow to najbardziej znamienne dzieło Lewisa Carrolla. Prawdziwy klasyk literatury angielskiej i światowej, ta opowieść fascynuje zarówno dzieci, jak i dorosłych od czasu jej publikacji w 1865 roku.

Ta cudowna baśń, która odniosła natychmiastowy sukces, opowiada historię młodej dziewczyny, Alicji, która podążając za Białym Królikiem do króliczej nory, odkrywa Krainę Czarów. Carroll kontynuował zaskakujące przygody swojej bohaterki w wydanej w 1872 roku książce *Przez szybę do patrzenia*. Obu opowiadaniom towarzyszyły pierwotnie ilustracje Johna Tenniela.

PODSUMOWANIE

SCHODZĄC W DÓŁ KRÓLICZEJ NORY

Alicja, młoda dziewczyna, jest znudzona i siedzi obok swojej siostry, gdy nagle obok niej pojawia się biały królik. Wydaje się, że się spieszy i znika w króliczej norze. Alicja podąża za nim i spada w dół, w głąb ziemi. Znajduje się sama w pokoju z niskim sufitem, otoczonym zamkniętymi drzwiami.

Na małym stoliku znajduje złoty klucz, który pozwala jej otworzyć maleńkie drzwi: otwierają się one na korytarz, na którego końcu znajduje się uroczy ogród, do którego Alice chciałaby się dostać. Jest jednak o wiele za wysoka. Znikąd pojawia się fiolka z etykietą z napisem "DRINK ME", a po jej wypiciu Alice zaczyna się kurczyć. Niestety, Alice zapomniała przed tym podnieść klucz. W następnej chwili pojawia się ciastko opatrzone napisem "EAT ME", które umożliwia jej ponowny wzrost.

WONDERLAND

Alicja osiąga wysokość 2,75 m i dostaje klucz, ale teraz nie może przejść przez drzwi: płacze, a jej łzy tworzą basen. Wachlarz i dziecięce rękawiczki, które trzymał królik, wpadają przypadkowo w ręce Alicji i sprawiają, że znów się kurczy.

Następnie pływa w basenie łez, gdzie spotyka mysz, do której mówi o swoim kocie Dinah: mysz zostaje przestraszona, a Alice, pojednawczo, postanawia nie wspominać ani o kotach, ani o psach ponownie. Obie płyną do brzegu wraz z innymi zwierzętami. Na suchym lądzie Alicja rozmawia z nowymi towarzyszami. Zastanawiają się, jak się wysuszyć: Dodo sugeruje wyścig Caucus. Następnie mysz wyjaśnia zebranym, dlaczego tak bardzo nienawidzi kotów i psów. W tekście jej opowieść przedstawiona jest w formie kaligramu (wiersza, którego tekst wyświetlany jest na obrazku) przedstawiającego mysi ogon. Ponieważ uważa, że Alicja jej nie słucha, obraża się i odchodzi.

Biały Królik powraca: szuka swoich zagubionych rękawiczek i wachlarza. Myląc Alicję z Mary Ann, swoją służącą, każe jej ich szukać. Alicja odwiedza jego dom i znajduje je. Przed wyjściem pije z nowej butelki i rośnie tak bardzo, że wypełnia cały dom. Zirytowany królik rzuca w Alicję kamieniami, ale te zamieniają się w ciastka. Zjada jedno, kurczy się i gwałtownie opuszcza dom, by dotrzeć do bezpiecznego miejsca.

Następnie młoda dziewczyna spotyka gąsienicę. Wyznaje mu, że chciałaby znów być swojej prawdziwej wielkości. On mówi jej, że jedna strona grzyba, na którym siedzi, sprawi, że się skurczy, a druga, że urośnie. Jedząc z obu stron po kolei, osiąga swój normalny rozmiar. Następnie Alice dociera do posiadłości z małym domkiem. Aby przedstawić się jego mieszkańcom, znów się kurczy.

Mała Alicja wchodzi do domu, w którym znajduje się Księżna, dziecko zwane "Świnką", Kot z Cheshire i Kucharz. Dziecko zostaje powierzone Alicji, która ucieka przed otaczającą ją kakofonią. Dziecko zamienia się w świnię, a ona porzuca je po drodze. Wtedy na gałęzi drzewa dostrzega Kota z Cheshire i pyta go o drogę. Ten stwierdza, że wszyscy mieszkańcy Krainy Czarów są szaleni, po czym znika. Alicja dociera do domu Marcowego Zająca.

Pije herbatę z Zającem, Szalonym Kapelusznikiem i Dormouse. Ich rozmowę uważa za absurdalną i szybko opuszcza to miejsce. Zauważa drzwi w drzewie, przechodzi przez nie i znajduje się w tym samym pomieszczeniu, w którym była na początku swojej przygody. Tym razem lepiej przygotowana, bierze kęs grzyba, kurczy się i w końcu trafia do ogrodu.

KRÓLOWA SERC

Trzej ogrodnicy w postaci kart do gry zajęci są malowaniem białych róż na czerwono, aby zadowolić królową. Rozmawiają z Alicją, gdy zjawiają się Król i Królowa, poprzedzeni przez swoich dworzan. Wszyscy są przebrani za karty do gry i rozpoczyna się bardzo malownicza gra w krokieta. Alicja zauważa swojego przyjaciela, Kota z Cheshire, którego władcy chcą ściąć. Dlatego Kot sprawia, że jego głowa znika.

Po zakończeniu gry Królowa Kier przedstawia Alicję Gryfonowi, który prowadzi ją do Żółwia Kpiącego. Cała trójka rozmawia o swoim dotychczasowym życiu w szkole, a Żółw ukrywa swój szloch. Narrator zaprasza czytelnika do przyjrzenia się obrazowi (ilustracja Johna Tenniela), aby lepiej wyobrazić sobie tę scenę.

Gryfon i żółw tłumaczą Alicji, jak tańczyć Kwadryl homara. Następnie proszą młodą dziewczynę, by opowiedziała im swoją historię, począwszy od upadku do króliczej nory. Następnie Alicja recytuje dla nich wiersz, ale przypadkowo deformuje jego słowa. Gdy melancholijny Żółw śpiewa swoją piosenkę, przerywa jej początek procesu sądowego.

Król i królowa siedzą na swoich tronach, a sąd jest na miejscu. Alicja bierze udział w rozprawie Gołąbka Kier, który

ukradł tarty Królowej. Biały Królik powołuje kolejno świad-
ków: Kapelusznika, Kucharza i wreszcie Alicję. Trybunał również ją oskarża: dyskutują, czy jest winna, czy nie. Królowa
skazuje ją na śmierć, nie czekając nawet na wyrok, ale wtedy
Alicja budzi się, z głową na kolanach siostry.

STUDIUM POSTACI

ALICE

Jest ona główną bohaterką opowieści, a także nieodzowną postacią w literaturze. Ta ciekawa i beztroska młoda dziewczyna podąża za Białym Królikiem pod ziemią i odkrywa Krainę Czarów poprzez serię dziwnych przygód. Chociaż jest altruistyczna i życzliwa, spotyka różne dziwne stworzenia, z którymi ma konfliktowe relacje:

- Często denerwuje ich, bo nie zna praw kraju, w którym się znajduje.

- Czasami zwierzęta są przerażone, gdy wspomina o swojej kotce Dinah. Młoda dziewczyna o dobrym sercu czuje się fizycznie i psychicznie źle w Krainie Czarów, gdzie nie znajduje swojego miejsca.

- Nie rozpoznaje już siebie.

- Zapomniała o większości swojej uczonej wiedzy.

- Kilkakrotnie rośnie i kurczy się.

Ciekawe jest to, że Kraina Czarów jest tworzona i zmienia się zgodnie z życzeniami Alicji, która ma bogatą wyobraźnię. Magiczne przedmioty pojawiają się – takie jak ciastka, butelki i klucze – dokładnie w momencie, gdy młoda dziewczyna potrzebuje pomocy.

BIAŁY KRÓLIK

Biały Królik o różowych oczach nieustannie się spieszy ("Ojej! Ojej! Spóźnię się!"). Autorytatywny i poważny, zwierzę jest na usługach króla i królowej. Jest również zwierzęciem, które służy jako pośrednik i prowadzi Alicję ze świata rzeczywistego do Krainy Czarów i odwrotnie:

• Na początku opowieści budzi ciekawość dziecka, które podąża za nim w dół króliczej nory;

• Na końcu, podczas procesu, który kończy się skazaniem Alicji, jest on również trębaczem sądowym, zanim Alicja się obudzi i wróci do rzeczywistości.

KOT Z CHESHIRE

Alicja po raz pierwszy spotyka Kota z Cheshire w domu księżnej. Ma on długie paznokcie, spiczaste zęby i mroźny uśmiech. Ten Kot, który jest czarujący wobec Alicji, potrafi pojawiać się i znikać do woli. Może też pokazywać tylko części swojego ciała, a inne ukrywać. W związku z tym jest jedynym stworzeniem, którego głowy Królowa Kier nie może odciąć.

Kot jest jedyną postacią, z którą Alicja wydaje się chętnie rozmawiać: cieszy się z kilkukrotnego spotkania z nim. Co więcej, mówi o nim jak o przyjacielu.

MARCOWY ZAJĄC I SZALONY KAPELUSZNIK

Marcowy Zając mieszka w dziwnym domu: kominy są w kształcie uszu, a dach zrobiony jest z futra. Kiedy Alicja przybywa do jego domu, właśnie pije herbatę z Szalonym Kapelusznikiem. Według młodej dziewczyny jest to najbardziej nieprawdopodobny podwieczorek, w jakim kiedykolwiek uczestniczyła. Rzeczywiście, te dwie istoty są zagubione w pozornie absurdalnej rozmowie. Alicja uważa ich za nieuprzejmych, z kilku powodów:

- Zając i Kapelusznik twierdzą, że nie ma dla niej miejsca przy stole, choć jest to nieprawda;

- Zając proponuje jej wino, choć go nie ma;

- Nie zgadza się też z komentarzem na temat jej fryzury.

Te dwie postacie na zawsze utknęły w porze podwieczorku, a konkretnie o 18.00. Rzeczywiście, pewnego dnia Kapelusznik śpiewał fragmenty piosenki i Królowa kazała go ściąć, aby ukarać go za próbę "zabicia czasu", w dosłownym tego słowa znaczeniu. Jego wyrok nie został wykonany, ale od tego czasu Czas jest zdenerwowany i postanowił dokuczyć jemu i jego przyjacielowi Marcowemu Zającowi.

Imiona tych dwóch postaci zostały starannie wybrane przez Lewisa Carrolla:

- Marcowy zając: za życia autora powszechnie używano wyrażenia "szalony jak marcowy zając". Miesiąc marzec to również miesiąc, w którym dwaj bohaterowie utknęli o godzinie 18.

- Szalony Kapelusznik: szaleństwo tej postaci można wyjaśnić tym, że w tamtych czasach kapelusznicy często wdychali opary rtęci. Wywoływały one dezorientację, halucynacje itp.

KRÓLOWA SERC

Jest ona najpierw przedstawiana poprzez mowę mieszkańców, którzy się jej boją (Biały Królik, Księżna, ogrodnicy itp.).). Sangwiniczna i kapryśna, zawsze mówi: "Ściąć im głowy!". Królowa nie wie, że do ścięcia głowy nigdy nie dochodzi, bo gdy tylko znajdzie się poza zasięgiem jej słuchu, Król Kier po cichu ją ułaskawia. Mieszkańcy Krainy Czarów wyśmiewają tę dziką i despotyczną postać, która narzuca im wiele rzeczy.

ANALIZA

GENEZA PRACY

Pan Liddel, dziekan Christ Church College w Oksfordzie, gdzie Lewis Carroll był bibliotekarzem i profesorem, miał trzy młode córki. Biblioteka znajdowała się tuż obok ogrodu, w którym bawiły się dziewczynki i prawdopodobnie w ten sposób autor je poznał. W wierszu wprowadzającym nazywane są Prima (Lorina), Secunda (Alice) i Tertia (Edith). Wiersz podaje informacje o początkach opowieści, podobnie jak dziennik Lewisa Carrolla, datowany na 4 lipca 1862 roku:

- Autor wspomina o kontekście powstania opowieści. Było lato, a on w porze podwieczorku wybierał się z dziewczynkami na wycieczkę statkiem i domagały się opowieści:

  Diary: "I made an expedition up the river to Godstow with the 3 Liddells: we had tea on the bank there, & did not reach Christ Church again till ¼ past 8".

  Wiersz: "Wszyscy w złote popołudnie/ Pełną swobodą szybujemy; (...) Ach, okrutne Trzy! W takiej godzinie, (...) Błagać o opowieść o oddechu zbyt słabym/ By poruszyć najdrobniejsze piórko!".

- Dowiadujemy się również, że to właśnie wtedy Lewis Carroll wymyślił tę opowieść:

  Pamiętnik: "Przy tej okazji opowiedziałem im bajkę 'Przygody Alicji pod ziemią'".

  Wiersz: "Anon, to sudden silence won,/In fancy they pursue/The dream-child moving through a land/Of wonders wild and new".

Wiersz jest bardziej konkretnie dedykowany Alicji, tej, która zainspirowała opowieść: "Alice! Weź dziecięcą opowieść,/ I delikatną ręką,/ Połóż ją tam, gdzie marzenia dzieciństwa są splecione/ W mistycznym paśmie pamięci".

KRYZYS TOŻSAMOŚCI

Po przybyciu do Krainy Czarów i w następstwie zmian psychicznych i fizycznych, Alicja zastanawia się nad swoją tożsamością. Ten kryzys tożsamości widoczny jest poprzez kilka zdarzeń:

- Straciła swoją naukową wiedzę (geografia, matematyka, poetyka, historia itp.), co ją denerwuje, bo oznacza, że nie potrafi zracjonalizować otaczającego ją świata;

- Przeraża ją myśl, że może być zagubiona w nieznanym wszechświecie i że może nigdy nie wrócić do normalnej egzystencji;

- Metamorfoza jest wszechobecna, a Alicja ciągle się kurczy i rośnie; to stawia ją w złym świetle;

- Biały Królik myli ją z Mary Ann, gołąb myli ją z wężem itd.

Alicja w Krainie Czarów może być interpretowana jako inicjacja do świata dorosłych, ponieważ bohaterka jest nieustannie stawiana w sytuacjach, w których musi się uczyć. Aby móc pokonać przeszkody, niezbędna jest jej mądrość i wytrwałość. Po ostatecznej próbie będzie mogła opuścić Krainę Czarów, a tym samym nabyć własną tożsamość. Podczas próby mówi, że rośnie, co miało zarówno znaczenie przenośne, jak i dosłowne. W końcu starsza siostra Alicji wyobraża sobie swoją siostrę jako młodą kobietę o sercu dziecka.

CUD I MARZENIE

W Krainie Czarów pojawiają się elementy typowe dla cudów:

- Dziwne stworzenia mówią, zachowują się jak ludzie i mają magiczne zdolności (pojawiają się i znikają...);

- Sztuczne społeczeństwo jest zamrożone, bo mieszkańcy są zdefiniowani przez swoje role (Król, Królowa, Knave, służąca, Kucharz itd.);

- Postacie nie mają imion, poza przydomkiem, który je określa (Kot z Cheshire, Szalony Kapelusznik, Marcowy Zając itd...).

- Wonderland jest "gdzie indziej", zarówno pod względem czasu, jak i miejsca;

- Są przedmioty magiczne (ciastka, które sprawiają, że Alicja rośnie, butelka, która sprawia, że się kurczy itd.) i dziwne (w krokieta grają flamingi, jeże i żołnierze pełniący rolę młotków, piłek i obręczy);

- Mają miejsce dziwne wydarzenia (dziecko zamienia się w świnię, bohaterowie utknęli w porze herbaty itp.)

Wiecznie zaskoczona Alice nie akceptuje w pełni świata, który odkrywa: często porównuje go do świata rzeczywistego. Przez całą opowieść przyzwyczaja się do tego, że nie spodziewa się niczego poza tym, co niezwykłe. Opowieść Carrolla jest więc parodią klasycznej bajki, w której bohaterowie całkowicie akceptują swój świat.

Co więcej, przygody Alicji mogą być postrzegane jako sen. Rzeczywiście, na początku opowieści młoda dziewczyna zasypia podczas swojego długiego upadku w dół króliczej nory, a na końcu budzi się.

NONSENSY I GRY JĘZYKOWE

Bohaterka stwierdza, że tego dnia wszystko jest dziwne. Dla Alicji absurd ma swoją logikę. Przestrzeń i czas są zachwiane, podobnie jak rzeczywistość i przyczynowość:

- Kot pojawia się i znika do woli;

- Marcowy Zając i Szalony Kapelusznik utknęli w porze herbaty;

- Czas to prawdziwa osoba;

- Spadek w dół króliczej nory jest tak powolny, że Alicja ma czas na obserwację lub wzięcie do ręki przedmiotów, które widzi na półkach po bokach dziury;

- Przestrzeń ciągle i dyskretnie się zmienia;

- Zdarzenia nie zachodzą w relacji przyczyna-skutek, ale raczej zachodzą przypadkowo;

- Porządek świata realnego nie istnieje w cudownym wszech-świecie.

Zabawa językiem jest dla Lewisa Carrolla środkiem do odkrywania nonsensu. Na przykład w rozdziale "A Mad Tea-Party" Alicja ma wrażenie, że rozmowy Szalonego Kapelusznika i Marcowego Zająca są absurdalne. Z logicznego punktu widzenia mają one jednak pełny sens. Dzieło jest rzeczywiście określone przez ścisłą dialektykę, Lewis Carroll jest matematykiem.

Autor eksploruje również możliwości czystego języka fantasy. W jego twórczości znajdują się:

- Neologizmy utworzone przez kontrakcję dwóch słów: "Żółw" był szkolną mistrzynią, która kazała swoim uczniom co miesiąc przechodzić pod toise, co oznaczało, że ich mierzyła:

- Puns (zabawna gra słów oparta na homonimach lub homofonach);

- Gry słowne.

DALSZA REFLEKSJA

KILKA PYTAŃ DO PRZEMYŚLENIA...

- Podkreśl elementy należące do gatunku bajki.

- Dlaczego można powiedzieć, że w pewnym sensie Lewis Carroll parodiuje baśń?

- Ten utwór to także historia coming-of-age. Co to znaczy?

- Czy uważasz, że autor uważa przygody Alicji za sen? Jak Ty odbierasz te przygody?

- Czy ramy przestrzeni i czasu wyznaczone przez Lewisa Carrolla są realistyczne? Wyjaśnij swoją odpowiedź.

- Czy wykształcenie Carrolla jako matematyka znajduje odzwierciedlenie w Alicji w Krainie Czarów? Jeśli tak, to w jaki sposób?

- Dzieło to spodobało się zarówno dzieciom, jak i dorosłym. Twoim zdaniem, dlaczego trafiło do tak zróżnicowanej grupy czytelników?

- Porównaj *Alicja w krainie czarow* z innymi baśniami, np. autorstwa braci Grimm i Charlesa Perraulta lub *Piękną i Bestią* Madame Leprince de Beaumont. Jakie różnice i podobieństwa zauważasz?

- Dzieło Carrolla było przedmiotem wielu adaptacji, głównie filmowych. Porównajcie tę opowieść z najnowszą wersją Tima Burtona (2010). Czy film wiernie oddaje historię i klimat stworzony przez Lewisa Carrolla? Na jakie swobody zdecydował się reżyser?

DALSZE CZYTANIE

WYDANIE REFERENCYJNE

Carroll, L. (2008) *Alicja w krainie czarow*. USA: Evertype.

ADAPTACJE

Alicja w krainie czarów. (1903) [Film krótkometrażowy]. Cecil Hepworth i Percy Stow. Dirs. WIELKA BRYTANIA: Hepworth.

Alicja w krainie czarów (Alice in Wonderland) (1933) [Film]. Norman Z. McLeod. Dyr. USA: Paramount Pictures.

Alicja w krainie czarów (Alice in Wonderland) (1949) [Film]. Dallas Bower i Louis Burin. Dirs. USA: Lou Bunin Productions.

Alicja w krainie czarów (Alice in Wonderland) (1951) [Film]. Clyde Geronimi, Wilfred Jackson i Hailton Luske. Dirs. USA: Walt Disney Productions.

Alicja w Krainie Czarów (Alice in Wonderland) (2010) [Film]. Tim Burton. reż. USA: Walt Disney Pictures.

INNE ADAPTACJE

Alice au Pays des Merveilles. (2010) [Komiks]. By Chauve D. and Collete X.

Alicja. (1990) [Opera]. Federica Ibarra (kompozytorka) i José Ramon Enriquez (autor libretta). Meksyk: Opera Narodowa (Bella Artes).

Alicja w krainie czarów. (1959) [Rzeźba]. Przez de Creeft, J. Central Park.

Chcemy usłyszeć od Ciebie, co się dzieje!
Zostaw komentarz na temat swojej internetowej biblioteki
i podziel się swoimi ulubionymi książkami w mediach społecznościowych!

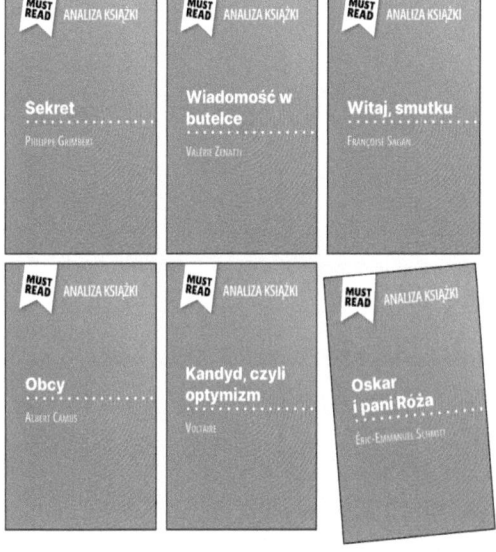

www.50minutes.com

Master ISBN: 9782808694803
Papierowy ISBN: 9782808616201
Depozyt prawny: D/2023/12603/1900

Verhaal: © Primento

Projekt cyfrowy: Primento, cyfrowy partner wydawców.